Roxane Guidez

Guide rêvé pour enterrer une vie de jeune fille

W0270405

Hugo&Cie

Ouvrage dirigé par Audrey Messiaen
Conception graphique et illustrations : Stéphanie Aguado

38, rue La Condamine, 75017 Paris
www.hugoetcie.com

ISBN : 9782755609479
Dépôt légal : avril 2012
Imprimé en Chine

Ça y est, elle se marie ! Que vous soyez son témoin, sa sœur ou sa meilleure amie, vous aurez la charge d'organiser ce moment devenu aujourd'hui incontournable dans la vie de toute future mariée : l'enterrement de vie de jeune fille (EVJF). Et pour offrir à la future mariée des souvenirs inoubliables, ce petit coffret est là pour vous aider : des activités inattendues, des idées de week-end originales, des programmes clé en main, des surprises étonnantes, des défis réjouissants, des quiz amusants et un jeu de question indiscrètes.

Ce guide vous livre des conseils judicieux, les règles incontournables et les petits trucs qui feront la différence. Aussi plaisant que facétieux, il ravira les petites et grosses tirelires et satisfera les envies de chacune, en s'adaptant à toutes les personnalités.

Sommaire

Les 10 commandements	7
Un week-end clé en main	15
Kidnapping de la future mariée	29
Idées de déguisement	37
Les idées d'activités	43
Les moyens de transport	65
Les moyens d'hébergement	69
La shopping list	73
Cuisine et apéro festifs	79
Les jeux	87
Les questions indiscrètes	103
Les tests	107
L'horoscope de la mariée	125
EVJF Girls répertoire	141

Les X commandements

Voici 10 commandements à suivre pour réussir à la perfection l'enterrement de vie de jeune fille de votre amie :

Commandement numéro 1 :

Avec les amies de la mariée, tu t'entendras.

Votre mission est que l'ensemble du groupe participe activement et joyeusement à l'aventure ; les participantes se connaissent parfois peu, il est donc essentiel de mettre tout le monde à l'aise et d'avoir un rôle de « coordinatrice ». Crêpage de chignon entre les « témouines » et les amies de la future mariée sont à proscrire.

Commandement numéro 2 :

Ta tirelire, tu ne casseras pas.

Ce guide ludique a été conçu pour tous les budgets – c'est la crise ma petite dame. Les activités amusantes payantes sont toujours accompagnées d'alternatives moins onéreuses et toutes aussi conviviales.

Dans le cas où le groupe dispose d'un budget trop restreint, pourquoi ne pas organiser un vide-placards avec les participantes à l'EVJF et grossir ainsi la cagnotte…?

Commandement numéro 3 :

La mariée, tu ne ridiculiseras pas.

L'enterrement de vie de jeune fille n'est pas synonyme de l'enterrement de la dignité. Il est obligatoire de respecter l'intégrité de la mariée et être toujours à un niveau identique (déguisement, activités, degré d'alcoolémie, jeu des questions indiscrètes). La mariée ne doit pas être identifiable, vous êtes un groupe.

Commandement numéro 4 :

Le marié, tu ne consulteras pas.

Interdiction formelle de demander l'autorisation au futur marié de réaliser telle ou telle activité. Vous faites que ce que vous voulez et puis c'est tout !

Commandement numéro 5 :

Dans une autre ville, tu te taperas la honte.

Il est plus facile de se désinhiber et de profiter pleinement des activités organisées avec ses amies lorsqu'on est sûre de ne croiser personne que l'on connaît (notamment son futur mari ou sa future belle-mère).

Commandement numéro 6 :
Le secret, tu garderas.

Hors de question que des photos compromettantes circulent lors de la cérémonie du mariage, du genre la future mariée chantant avec un sex toy en guise de micro… Tatie Danièle et Mamie Tromblon n'ont pas à savoir ce que vous avez fait, sauf si cela reste bon enfant.

Commandement numéro 7 :
La gestion de l'alcool, tu feras.

À éviter : vomis en pleine rue et une mariée ivre morte dès 15 heures. L'abus d'alcool est dangereux pour la santé, ne l'oublions pas, et offrir des cocktails sans alcool, à base de gingembre par exemple, est une parfaite alternative.

Commandement numéro 8 :
L'organisation, tu imposeras.

L'EVJF est une véritable entreprise. Vous, en tant que directrice générale, devez nommer une trésorière (gestion du budget), une responsable approvisionnement (gestion des courses), une responsable logistique (gestion du transport des participantes aux activités), une responsable qualité (gestion du timing des activités) ainsi qu'une assistante administrative (gestion des papiers, cautions ou autres).

Commandement numéro 9 :
S'incruster à une autre manifestation, tu pourras.

Rendez l'EVJF encore plus dingue en le greffant à une autre manifestation collective en cours : carnaval, braderie, halloween, finale de match, fête de la musique, techno parade, gay pride, fête du Beaujolais, fête du village…

Commandement numéro 10 :
La bonne ambiance dès la première minute, tu mettras.

Pour que toutes les participantes se connaissent, soient détendues et ainsi prêtes à vraiment faire la fête. Une fois la future mariée enlevée, accordez-vous une grosse demi-heure de présentation orale pour l'ensemble des participantes.

Vos Commandements

Un week-end clé en main

Parfaitement connaître la personnalité de votre amie est essentiel pour lui offrir un week-end et des activités amusantes où la bonne humeur et le partage sont au rendez-vous.
Découvrez ci-dessous quelques week-ends thématiques imaginés pour vous et votre amie :

La future mariée « starlette »

Fan d'une célébrité, de paillettes ou dotée d'un caractère de starlette capricieuse… aujourd'hui, c'est son jour. Faites-la rêver.

LE WEEK-END CLÉ EN MAIN :

Les activités possibles : Petit déjeuner karaoké, séance shopping pour dénicher LA tenue de SA star, séance coiffure, maquillage professionnel, chorégraphies et cours de danse, concert, blind test, cours de théâtre, cours de chant, soirée dansante, restaurant chic, karaoké, book de photographies *(www.photoweb.com)*…

Le lieu : Cannes durant le festival.

Le must : Une équipe qui joue les gardes du corps (vêtues de lunettes noires et smoking) pendant que d'autres s'affichent en paparazzis (munies d'appareils photo dégainés en permanence) ; baladez-la de lieu en lieu en limousine.

La future mariée « épicurienne »

Estomac bien accroché et jeûne au préalable pendant une dizaine de jours sont de rigueur. Prévoyez quelques activités physiques entre chaque repas afin de dégourdir un peu les corps et les esprits sous cette avalanche de douceurs hautement alcoolo-caloriques.

LE WEEK-END CLÉ EN MAIN :

Les activités possibles : Petit déjeuner continental dans un hôtel de luxe, soin esthétique et gourmand au chocolat, escapade gourmande, cours d'œnologie, dégustation de grands crus, cours de cuisine original, dégustation de chocolats, de fromages, visite de caves, visite de châteaux, restaurant gastronomique, visite de fermes, quiz et jeux sur les aliments…

Le lieu : La route des vins, avec au choix la Loire, le Beaujolais, la Bourgogne, l'Alsace, la Corse…

Le must : Une nuit dans un château à Beaune durant le week-end de la vente aux enchères des Hospices, avec visites de caves et fête du village.

La future mariée « nature »

Parfait et simple à organiser lors des saisons les plus chaudes : tout est possible à moindre coût à condition de s'équiper d'un puissant repoussant contre les moustiques et autres insectes charmants...

LE WEEK-END CLÉ EN MAIN :

Les activités possibles : Petit déjeuner vitaminé et sain, balade à vélo, pique-nique champêtre, après-midi jeux en pleine nature (balle au prisonnier, volley...), ramassage de déchets avec une association, visite de zoo, lecture d'un roman érotique sur l'herbe, escalade, cueillette de fleurs, randonnée, dégustation d'huitres sur le port, baignade en pleine nature, barbecue, soirée chamallows, coucher de soleil et papotage, cours de fabrication de cosmétiques naturels *(www.floramedicina.com)*.

Le lieu : Mer, montagne ou campagne en fonction des préférences de votre amie.

Le must : Un court séjour à vélos entre amies à petit prix avec un guide (*www.levelovoyageur.com*), une nuit dans un igloo (*www.rando-igloo.fr*) ou une cabane dans les arbres.

La future mariée « sportive »

Courbatures et dépassement de soi n'auront plus de secrets pour vous après ce week-end olympique. Vous allez en baver, mais finalement c'est vous qui, sur la plage, n'aurez pas un chouilla de cellulite.

LE WEEK-END CLÉ EN MAIN :

Les activités possibles : Une randonnée à l'aube pour assister au lever du soleil, petit déjeuner dans un bar sportif, séance de danse sportive complètement décalée (avec par exemple une cassette de Véronique et Davina), sport extrême (boxe, rafting, saut en parachute, surf, saut à l'élastique…), conduite de voitures sportives, assister à un match (foot, basket…), cours de danse, combat de sumo gonflables *(www.super-insolite.com)*, jeux de groupe en plein air (volley, foot, basket…), balade à cheval, défi sportif, entraînement militaire…

Le lieu : Une ville dans laquelle se déroule une manifestation sportive.

Le must : Toutes les activités proposées sur *www.sport-découverte.com* (baptême de vol en avion de chasse, voiture de luxe, hélicoptère, jet-ski…)

La future mariée « fashion »

Elle est incollable sur les dernières tendances mode, les dernières couleurs improbables de vernis peinturlurés sur les ongles ? Vous allez soumettre sa fashion attitude à rude épreuve.

LE WEEK-END CLÉ EN MAIN :

Les activités possibles : Cours de marche en talons *(www.talonsacademy.fr)*, visite de boutiques de luxe, relooking, séance shopping décalée (exemple : acheter les 2 vêtements les plus moches du magasin), quiz sur la mode, séance de shooting photo, cours de danse sexy *(www.collectif-surprise-party.fr)*, soin de beauté original, une heure de cours de maquillage professionnel, hammam entre amies avec une bouteille de champagne et des macarons, dîner dans un restaurant chic, sortie en boîte de nuit en tenue de star…

Le lieu : Une capitale de la mode (Paris, New York, Londres…)

Le must : Lors de la fashion week avec déplacement en limousine.

La future mariée « globe-trotteuse »

Dépaysement garanti. En fonction des budgets, vous avez la possibilité de partir à l'étranger ou amener la culture du pays chez vous le temps d'un week-end.

Le week-end clé en main :

Les activités possibles : Visite de spots touristiques, cours de danse traditionnelle, cours de langue, cinéma étranger, dégustation typique, visite de musées d'artistes étrangers, visite guidée, cours de cuisine du monde, brunch américain, cours de salsa, restaurant italien, tea time…

Le lieu : Un pays que la future mariée adore.

Le must : Un week-end de 3 à 4 jours à l'étranger.

La future mariée « fêtarde »

Un petit remontant dès votre arrivée et c'est parti pour un week-end de folie où dormir n'aura que très peu de sens pour chacune d'entre vous. L'épuiser sera votre leitmotiv, nuits blanches en perspective et vitamine C en intraveineuse.

LE WEEK-END CLÉ EN MAIN :

Les activités possibles : Brunch au champagne, cours de cocktails, cours de marche en talons *(www.talonsacademy.fr)*, tournée des boîtes de nuit, cours de danse sexy *(www.collectif-surprise-party.fr)*, karaoké, cours de cuisine, cours de dégustation de café, cours de dégustation de cigares, vernissage, cours de danse *(www.collectif-surprise-party.fr)*, apéro devant le coucher de soleil, location d'une machine à mousse *(www.belinda-productions.com)*.

Le lieu : Une ville festive qui ne dort jamais (Berlin, Paris, Barcelone...)

Le must : Organiser l'EVJF durant les nuits sonores de Lyon, la techno parade de Paris, la fête de la musique ou tout autre festival...

La future mariée « rétro »

La multitude des manifestations « vintage » nous transporte durant quelques heures dans une autre époque. L'ambiance régressive amuse et désinhibe.

LE WEEK-END CLÉ EN MAIN :

Les activités possibles : Déguisement au look de pin-up, cours de danse vintage, strip-tease burlesque, visite de friperies avec concours de l'achat du vêtement le plus décalé, brocante, prise de photographies vieillies (*www.photocabine.com*) restaurant rétro, atelier maquillage et cours de coiffure rétro (*www.reservoirgirls.com*), soirée dansante, bal et concert (*www.collectif-surprise-party.com*)

Le lieu : Pour un vrai décalage, dormez en Airstream (vieille caravane américaine) dans l'Ariège (*www.airstreameurope.com*)

Le must : Lors du salon du vintage (octobre) ou le meeting européen de l'Airstream (août).

La future mariée « petite fille »

Si votre amie avait pu avoir 10 ans et mâcher du Malabar la bouche grande ouverte toute sa vie, elle n'aurait pas hésité ? Alors n'hésitez pas non plus et optez pour ce week-end retour en enfance.

LE WEEK-END CLÉ EN MAIN :

Les activités possibles : Petit déjeuner en pyjama rose et chaussons lapins, dessins animés Walt Disney, piscine, marelle, balle au prisonnier, gavage de bonbons, déguisement de princesse, bataille de polochons, cours de pâtisseries cup cakes, shopping entre filles de vêtements « roses à paillettes », cours de danse, karaoké, reportage photo sur son enfance, visite de ses anciennes écoles, blind test sur les chansons de votre enfance, cours de smoothie à domicile, soirée pyjama, action ou vérité, location d'une machine à confettis ou bulles (*www.harmony-sono.com*)…

Le lieu : Dans la maison familiale.

Le must : Emmener la future mariée un week-end entier à Eurodisney.

Ce que l'on a prèvu

Kidnapping de la future mariée

La plupart du temps, les futures mariées sont prévenues ou devinent qu'il se trame un enterrement de vie de jeune fille… Que nenni cette fois-ci, pour créer la surprise et commencer le week-end sur les chapeaux de roue, vous allez être bien plus maligne qu'elle !

LA règle de base : planifiez le week-end avec le conjoint et préparez à votre amie un baluchon (nécessaire de toilette, pyjama, tenue de rechange, maquillage, etc.).
Demandez au futur mari de planifier avec elle (et « pour de faux » bien sûr) un déjeuner le dimanche avec belle-maman, un dîner le vendredi avec des amis de longue date, un week-end à garder sa nièce, une sortie cinéma avec l'une d'entre vous… Focaliser son attention sur une autre activité de week-end.

IDÉE NUMÉRO 1 :

L'enlèvement sur son lieu de travail

Voici une des méthodes d'enlèvement les plus traditionnelles, mais qui peut se révéler à mourir de rire avec une parfaite gestion de l'organisation. Procurez-vous les numéros de portable de ses collègues et planifiez avec eux le moment idéal de la prise d'otage. Être de mèche avec eux, c'est être sûre d'avoir les informations les plus pertinentes pour une discrétion totale.

IDÉE NUMÉRO 2 :

L'enlèvement à la fin d'un dîner en amoureux

Afin d'éviter un plaquage au sol de l'agent de sécurité, avertissez au préalable le restaurant qu'une bande de furies va débarquer en fin de repas pour enlever une de leurs clientes et demandez au conjoint de vous tenir (discrètement) informées du déroulement du repas afin d'arriver au moment opportun, au dessert par exemple.

Idée numéro 3 :

L'enlèvement au cinéma

Au même titre que le restaurant, prévoyez avec son conjoint une sortie cinéma en amoureux où vous débarquez à la fin du film : à 10 euros la séance, on la laisse au moins regarder le film en entier…

Idée numéro 4 :

L'enlèvement dans la rue

En mode commando ou folles furieuses, la rue a l'avantage de vous laisser de la place et du choix quant au moment de l'enlèvement (après sa séance de sport, à la sortie du travail, lors d'une séance shopping, etc.). N'hésitez pas à débarquer en hurlant dans un mégaphone et à charger votre amie dans un Hummer de couleur rose flashy…

Idée numéro 5 :

L'enlèvement à une terrasse de café

Pour plus de simplicité, prévoyez le coup avec une des amies présentes à l'EVJF afin qu'elle puisse vous tenir informée et faciliter ainsi votre venue : mettre la future mariée dos à la fenêtre, profiter d'un de ses passages aux toilettes…
Pour rendre l'enlèvement encore plus drôle, prévoyez quelques tracts amusants distribués par une personne que la future mariée ne connaît pas, la mettant en scène pour son EVJF.

Idée numéro 6 :

L'enlèvement au réveil

Préférez cette situation dans le cas où votre amie est du matin, afin d'éviter qu'elle tire une gueule de trois pieds de long. Prenez soin de lui préparer un petit déjeuner vitaminé à savourer entre vous et une séance de dessins animés si besoin, après le réveil, pour la mettre en forme.

Autres idèes

Idées de déguisement

Des nanas en plein enterrement de vie de jeune fille vêtues d'un tutu, un tee-shirt avec la photo ratée du futur marié, une baguette de princesse à la main et des oreilles de lapin en guise de serre-tête… il y en a à la pelle.
Découvrez ci-dessous une petite liste que vous pouvez allègrement compléter par vos idées les plus farfelues. L'objectif des déguisements est de retomber en enfance, jouer un personnage amusant le temps d'un week-end, se désinhiber… et surtout se fendre la poire.
Le point essentiel est que chacune d'entre vous soit déguisée sur la thématique, afin de créer une unité soudée qui s'amuse sans complexe :

La star : La mariée et la fine équipe habillées comme sa star préférée.

Le groupe de musique : Composé d'hommes ou de femmes aux looks improbables. En guise d'instrument, équipez-vous de jouets pour enfants hyper colorés ainsi qu'un micro pailleté.

Les personnages de bande dessinée : Avec par exemple la bande de Tintin et ses amis : Milou, le professeur Tournesol, le capitaine Haddock, la Castafiore… Toute une équipe au service de la future mariée qui tient le rôle principal.

Les personnages de dessins animés : Choisissez un dessin animé que la future mariée apprécie (par exemple *Bob l'éponge, Lucille, amour et rock'n'roll, Cendrillon, etc.)* et déguisez-vous en chacun des personnages qui le composent.

Les personnages de film : Niveau inspiration, ce ne sont pas les références qui manquent ! De *Grease* à *Kill Bill*, en passant par *Drôle de Dames*, les troupes sont légion.

La cérémonie d'enterrement : Dans une ambiance fun et décalée, faites ce qu'il faut pour un enterrement de vie de jeune fille en bonne et due forme. Surjouez la cérémonie en vous habillant de draps roses (le prêtre et les bonnes sœurs) et en portant un cercueil à paillettes.

Ou encore :
- la prisonnière et les flics
- le mac et ses filles
- la bande de loubardes

- Les pom-poms girls
- Claude François et les claudettes
- les fans des années disco
- les pin-up
- l'équipe de foot
- le groupe de rock

Etc.

Découvrez ici quelques enseignes ou idées de boutiques dans lesquelles vous pouvez accessoiriser vos tenues avec peu de moyens :

- Accessoires : magasins de jouets pour enfants.
- Costumes et perruques gonflables : *www.superinsolite.com*
- Sacs, caleçons, tabliers et tee-shirts funs et/ou personnalisables : *www.artiz.fr*
- Tee-shirts personnage : *www.cornerparis.com*
- Accessoires funs et coquins : *www.aumoulinrose.com* et *www.passagedudesir.com*
- Costumes et accessoires pas chers : *www.festiveo.com* ou *www.articles-fetes.com*

Les idées d'activites

Découvrez ici un florilège d'activités à organiser tout au long de la journée…

Afin de satisfaire tous les types de budgets, vous trouverez pour chacune des activités et dès que cela est possible, une version « grosse tirelire » et une version « petite tirelire ».
Des tarifs approximatifs vous sont indiqués ainsi que les enseignes proposant ses activités dont le sérieux et la renommée sont incontestés. Cependant n'hésitez pas à vous renseigner davantage dans votre région.

Idée numéro 1 :

Un brunch de princesse

Version grosse tirelire

Les hôtels de charme recèlent de petits déjeuners continentaux ayant la faveur des gourmands. Habillez la future mariée dans une tenue élégante et cueillez-la en limousine pour l'emmener prendre son petit déjeuner ou son brunch dans un lieu chic de votre région.

- *www.oubruncher.com*
- Budget approximatif : 35 euros par personne.

Version petite tirelire

À organiser chez l'une d'entre vous, prévoyez un brunch-buffet original spécial filles. Pyjamas Barbie ou nuisettes sexy, dessins animés, séries B, séries américaines ou film romantique, ballons, paillettes… agrémenteront à merveille ce début de journée qui donne la pêche :

• Sucré : pains spéciaux, macarons, bonbons, pancakes, muffins, tartes maison, viennoiseries coquines, confitures originales (banane gingembre par exemple), etc.

• Salé : foie gras, fromages, canapés salés en forme de cœur…
• Boissons : champagne, smoothies, chocolat à l'ancienne, cafés élaborés (sirop de caramel, chantilly…).

• Fabrication de pains spéciaux (en forme de sexe masculin ou de cœurs) : *www.legaychoc.fr*, livraison possible par la poste.
• Confitures aux goûts insolites : *www.confiture.net*
• Recettes de cuisine originales et coquines : *www.cuisinecoquine.com*

Idée numéro 2 :

Un pique-nique chic

Version tout budget

Un coin de verdure, quelques tables de pique-nique recouvertes d'une nappe blanche en mode buffet ou déjeuner assis, de nombreux fauteuils accompagnés de coussins, des bougies colorés par dizaine, ambiance festive et glamour pour un pique-nique organisé de l'apéro au dessert. Vous trouverez dans la shopping list (p. 73) quelques idées d'ambiance et d'accessoires qui agrémenteront votre pique-nique d'une touche festive.

Le plus est d'offrir des plats et sandwichs en forme de cœur, de torse, de sexe, de bouche pour apporter une touche un peu fun au pique-nique.

- Moules à gâteaux originaux : *www.francegateaudeco.com*, *www.original-store.com*
- Cuisine festive : *www.alicedelice.com*
- Décoration fantaisie : voir Shopping list (p. 73)

IDÉE NUMÉRO 3 :

Un cours de danse en groupe

VERSION GROSSE TIRELIRE

La multitude des types de danse disponibles à ce jour permet aux amies de passer un véritable moment où tout le monde se lâche. Le plus drôle étant de prévoir la tenue adaptée pour vous toutes.

Pour toutes les danses pouvant se faire à deux, vous avez alors la possibilité d'inviter le futur mari à participer au cours. Et pour celle qui osent, pourquoi ne pas inviter un prétendant ?

• Le tango : Réveillez ou éveillez votre sensualité avec des rythmes chaloupés.
• Le flamenco : Transformez-vous en un objet sexuel *caliente*.
• La danse orientale : Ondulez votre corps jusqu'à l'ivresse.
• Le rock'n'roll : Ça balance, on se déhanche, ça swingue un max.
• Strip-tease : Attisez le plaisir des hommes.
• Burlesque : Ranimez votre côté à la fois pin-up et fun.

• Le collectif surprise party : *www.collectif-surprise-party.com*, 15 à 20 euros le cours d'une heure et demie.

Version petite tirelire

L'abondance de démonstrations de danse disponibles sur Internet ou en DVD vous permet d'organiser avec facilité cette séance au domicile de l'une d'entre vous, souvent plus conviviale qu'un cours en salle. Un peu d'espace est nécessaire pour que chacune s'amuse et se laisse aller. En fonction de la discipline choisie, n'hésitez pas à entrer pleinement dans l'ambiance décorative… Une pause « thé à la menthe » pour un cours de danse orientale, une pause « tapas et mojito » pour un cours de salsa… et quelques accessoires (foulards, plantes, guirlandes, coussins…) pour parfaire la scène.

Idée numéro 4 :

Cours de dessin de nus masculins

Version grosse tirelire

De nombreuses écoles d'art ou ateliers proposent des cours de dessin de nus masculins. Quoi de plus agréable en plein après-midi que de reluquer un bel apollon et tenter de le kidnapper sur une feuille de papier ?

Version petite tirelire

À partir de modèles issus du calendrier des *Dieux du Stade* ou bien des publicités avec Brad Pitt, George Clooney, David Beckam… organisez une séance de dessins au domicile de l'une d'entre vous. Papier Canson et crayons aux mille couleurs sont de rigueur.

Idée numéro 5 :

Un livre de photographies de la mariée (version sexy, chic ou mannequin)

Version grosse tirelire

Dénichez le photographe qui sublimera votre amie grâce à des ombrages et mises en lumière parfaitement gérées. Pour un effet « Waouuh », planifiez une dizaine de tenues chics et glamours pour magnifier votre amie et si elle n'est pas farouche, osez quelques déshabillés et dessous chics.

Version petite tirelire

Sur le même principe, organisez au domicile de l'une d'entre vous une séance shooting avec une personne qui sera en charge du maquillage, une personne en charge des prises de vue, une autre pour la coiffure, l'éclairage… Toutes ses amies réunies pour la sublimer.

- Impression sous format livre ou calendrier : *www.photoweb.com*

Idée numéro 6 :

Un tea time – dégustation de gâteaux et chocolats

Version grosse tirelire

Les hôtels de charme et maisons gourmandes recèlent de douceurs sucrées que nos hanches détestent. Pourquoi ne pas se revigorer en fin de journée autour d'un thé chaud, dans un fauteuil club confortable à déguster des bombes caloriques et papoter entre amies ?

- Listing des meilleurs salons : *www.macaronsetgourmandises.com*
- Budget approximatif : 20 euros par personne.

Version petite tirelire

Pierre Hermé, Jean-Paul Hevin, Christophe Adam, Vincent Guerlais, Christophe Michalak… des noms d'hommes pour des produits dont les femmes raffolent. Offrez-vous un assortiment de chocolats à déguster à l'heure du thé et si vous le souhaitez, pourquoi ne pas en faire un jeu avec la future mariée afin qu'elle devine les parfums qui les composent ?

• Listing des meilleurs chocolatiers :
www.macaronsetgourmandises.com
• Budget approximatif : 8 euros par personne.

Idée numéro 7 :

Une visite de Paris en « apérotant » dans un bus ancien

Profitez pleinement d'une visite de Paris en circulant dans un bus ancien tout en prenant un apéritif tendance rétro. Lookées et coiffées en mode rétro, sortez les chapeaux et les colliers de perles et prenez la pose lors d'une séance de photographies ambiance vintage grâce à un simple appareil photo.

• Location de bus ancien ou School Bus : *www.classic-rent.fr*
• Application iPhone gratuite : Instagram.
• Transformation de photographies en effet vintage (gratuit) :
www.picnik.com

Idée numéro 8 :

Une réunion sex toys and love

La consommation n'est pas obligatoire pour organiser ce type de réunions, et soyez rassurées, le ton donné à la présentation des produits n'est jamais inconvenant.
Vous organisez cela tranquillement, à l'endroit de votre choix, et une animatrice se charge de vous présenter l'ensemble de ses produits (comprenant généralement des sex toys, de la lingerie, des huiles pour le corps, des cosmétiques gourmands, etc.) dans une ambiance conviviale et amusante.

Version grosse tirelire :

Chaque participante offre le cadeau de son choix à la future mariée, composant ainsi un pack pour sa future vie maritale.

Version petite tirelire :

Une petite cagnotte est créée pour la future mariée, et vous choisissez un ou deux cadeaux toutes ensemble.

- Soft Paris (France entière) : *www.softparis.com*
- Moulin rose (France entière) : *www.aumoulinrose.com*

Idée numéro 9 :

Un cours de marche en talons

Avoir une démarche de déesse avec plus de dix centimètres de talons n'est pas chose impossible. La Talon Academy s'est rapprochée des meilleurs coach-dresseurs (dixit le site) pour vous apprendre en groupe à arpenter le bitume et rester sexy en toutes circonstances. Chaussez des escarpins vertigineux et prenez de la hauteur pour mettre tous les hommes à vos pieds.

- Talons Academy (Paris et Lyon) : *www.talonsacademy.fr* (devis sur le site)

Idée numéro 10 :

Un cours de cocktails

Version grosse tirelire :

Le cours de cocktails donne une touche plus festive à l'habituel cours de cuisine, maintes fois organisé pour les EVJF. Avec ou sans alcool, la plupart des enseignes vous offrent le choix. Ça shake, ça smoothe, c'est bon… Bonne humeur garantie !

- La fabrique à cocktails : *www.lafabriqueacocktail.com*
- L'Atelier des sens : *www.atelier-des-sens.com*
- Haut de forme : *www.hautdeforme.fr*
- L'atelier des chefs : *www.atelierdeschefs.fr*
- Prix moyen par personne : entre 50 et 70 euros.

Version petite tirelire

Inutile de faire appel à Tom Cruise pour nous offrir l'art de la préparation de cocktails ; récoltez les informations sur Internet ou dans un livre de recettes et confiez à chacune des participantes la réalisation du cocktail de son choix à offrir aux autres. Veillez à faire des petites contenances pour éviter d'être toutes complètement ivres au bout de 10 minutes.

- Site de cocktails aphrodisiaques : *www.cuisinecoquine.com*
- Équipement nécessaire : un livre de recettes de cocktails, un mixeur, un shaker, des verres à cocktails amusants, des pailles, des mini-parasols…
- Prix moyen par personne : entre 10 et 15 euros.

Idée numéro 11 :

Un cours de cuisine aphrodisiaque

Maîtrisez à la perfection les papilles de vos hôtes et réchauffez l'atmosphère en toute circonstance. Épicé, piquant, onctueux, poivré, sucré… l'important, c'est que ce soit bon ! Et grâce à ces cours d'un nouveau genre, vous êtes drôlement bonnes.

- *www.happytime.com*
- *www.cuisineaphrodisiaque.com*
- Demande de devis sur le site.

Idée numéro 12 :

Une soirée Columbo

Cette enseigne spécialisée vous propose d'élaborer un scénario digne d'une enquête policière où la future mariée est plongée dans une histoire qui l'emmènera d'énigmes en indices. Vous recevez un kit complet à votre domicile : déroulé de la soirée, instructions pour tout préparer en amont, invitations à envoyer à vos invités, un scénario que vous choisissez, éléments pour préparer votre scène de crime (indices, message ensanglanté…), documents de l'enquête (rapport du médecin, notes des policiers, article du journal local…) à imprimer et des conseils précis (mise en scène, accessoires, déroulement, accueil des invités, dénouement…)

- *www.k2a.fr*
- 50 euros le kit.

IDÉE NUMÉRO 13 :

Un vol en montgolfière

Quoi de plus agréable que de contempler sa région en ayant la tête dans les nuages ? Plusieurs formules sont à votre disposition pour votre amie : soit elle effectue le vol seule, soit vous avez la possibilité, moyennant un budget plus important, de privatiser une nacelle pour y prendre l'apéritif par exemple. Évasion assurée.

- *www.franceballoons.com*
- À partir de 200 euros.

IDÉE NUMÉRO 14 :

Un cours ou une dégustation original

Pour varier des traditionnels cours de cuisine et dégustations de vin, découvrez de nombreuses activités originales et amusantes pour rythmer votre journée d'EVJF :

- Dégustation de cigares (*www.hautdeforme.fr*)
- Dégustation de café (*www.hautdeforme.fr*)
- Dégustation d'eau (*www.eaux-du-globe.com*)
- Dégustation de thé (*www.atelier-des-sens.com*)
- Cours de fabrication de cosmétiques (*www.atelier-des-sens.com*)
- Cours de jardinage de balcon (*www.atelier-des-sens.com*)
- Dégustation d'huile d'olive (*www.atelier-des-sens.com*)
- Cours de massage
- Cours de gemmologie et joaillerie (*www.hautdeforme.fr*)
- Cours de couture
- Cours de design floral (*fr.ritzescoffier.com*)

IDÉE NUMÉRO 15 :

Location d'une machine à mousse/bulle/confettis

En fonction du lieu où vous organisez votre soirée (et du niveau de salissure possible), offrez à votre amie une fiesta digne de ce nom : champagne et machine à bulles, cocktails de fruits et machine à confettis et bien pire encore, la fameuse machine à mousse pour s'éclater comme des folles en bikini… Soyez sûres d'étonner votre amie avec ce petit plus qui rendra l'atmosphère plus festive.

- *www.harmony-sono.com*
- *www.soiree-mousse-paca.com*
- Tarif : de 70 à 180 euros la location.

Idée numéro 16 :

Enregistrez un single comme une professionnelle

Faites venir un studio à votre domicile pour enregistrer un single avec la future mariée.
Trente minutes de coaching vocal et deux heures d'enregistrement pour s'offrir, le temps d'un après-midi, l'enregistrement d'un single en vraie professionnelle.
L'équipe de Studio à Domicile se charge du coaching et de l'enregistrement technique de votre single. Avis à celles qui poussent normalement la chansonnette uniquement sous la douche, cette fois-ci, c'est pour de vrai.

- *www.studio-a-domicile.com*
- Tarif : 200 euros (Paris) ; demande de devis pour une autre ville.

Idée numéro 17 :

Un brunch beauty

Le brunch beauty a récemment débarqué en France. Profitez d'un brunch le dimanche pour vous faire une beauté. Make-up ou manucure party entre amies, guidées et chouchoutées par un professionnel : papotez et savourez de succulentes mignardises arrosées de champagne.

Belles, fraîches et gourmandes, nous sommes des filles et nous l'assumons.

- *www.gloss-up.com* (uniquement sur Paris pour l'instant)
- Prix non communiqués.

Autres idèes

Les moyens de transport

Louer un moyen de transport original et amusant est un gage de réussite d'un week-end d'enterrement de vie de jeune fille. Dans le cas où le moyen de transport est loué sans chauffeur, demandez à un ami de vous conduire afin que chacune puisse ainsi profiter pleinement de l'EVJF, boire ou faire la fête à sa guise.

• **Location de 2 chevaux :** demande de devis sur *www.4roues-sous-1parapluie.com*

• **Location d'une péniche :** demande de devis sur *www.parisenbateau.com (Paris) et www.alpha-croisiere.com (France)*

• **Location d'un bus parisien**, d'un School Bus ou d'un bus anglais avec une visite de Paris : *www.classic-rent.fr*

• **Location d'un Hummer version limousine** rose fushia – oui, oui, oui, tout ça cumulé – de 350 à 650 euros sur *www.amiral-limousines.com*

• **Location de bus** ou mini bus : environ 70 euros par jour sur *www.location-de-bus.com*, *www.francecars.fr*, *www.francetourisme.fr*…

• **Location d'un petit train touristique :** 650 euros comprenant l'assurance, le chauffeur, le transport du train sur votre site sur *www.trainstouristiquesdefrance.com*

- **Location d'un véhicule de l'armée** avec chauffeur sur *www.lys-tout-terrain.com* (prix non communiqués)
- **Location de jet privé :** 150 euros par personne, *www.cojetage.fr* (attention seulement sur des dates spécifiques)
- **Location d'un taxi anglais** (dit Taxi Cab) pouvant accueillir jusqu'à 6 personnes : 500 euros la journée de location sur *www.classic-rent.fr*
- **Location d'une caravane**, accueillant 4 à 6 places : *www.caravanesalouer.fr*
- **Location de quads**…
- **Séjour à vélo :** *www.levelovoyageur.com*

Autres idèes

Les moyens d'hébergement

Dénicher un lieu original pour passer la nuit entre amies est essentiel car la soirée « pyjama et papotage » est souvent un des meilleurs moments de l'EVJF.
Voici un florilège des hébergements les plus amusants, afin de faire passer à la future mariée une soirée et une nuit inoubliables :

- Une nuit à la belle étoile
- Une soirée pyjama dans sa chambre d'ado
- Un camping
- Une maison louée ou de famille
- Un château
- Un igloo
- Une cabane perchée dans les arbres
- Une maison bulle
- Un tipi
- Une péniche
- Un moulin
- Un phare
- Une maison éclusière
- Une tanière
- Un wagon

- Une roulette
- Une yourte
- Un lodge
- Un moulin
- Un boeing

Etc.

- Le blog *www.hebergement-insolite.com* vous dresse les meilleures adresses des lieux les plus insolites, accompagnées de critiques et commentaires pour être sûres de faire le bon choix.
- Tarif : 30 euros par nuit à l'infini.

Autres idées

La shopping list

Pour rendre la journée encore plus décalée, il n'y a rien de plus amusant que de créer une ambiance décorative amusante et de disposer à tout moment d'accessoires franchement inutiles, honteusement ridicules mais tellement cocasses…

- Chapeau de cow-girl
- Chapeau à paillettes
- Baguette magique de princesse
- Tutu
- Boa
- Oreilles de Bunny
- Bougie personnage « Brûle ton ex/ta belle-mère… »
- Jouet « Bulles de savon »
- Bougie géante à texte « Oui » et « Love »
- Instruments de musique en plastique
- Bombe à pétales de fleurs, billets de banque ou autre
- Poupée Vaudou
- Coupe de champagne « Sexy Bitch »
- Masque de sommeil « The bitch is sleeping »
- Guirlandes cœur
- Livres pour les amoureux (type passeport)
- Cahier de vacances érotique

- Moule à gâteaux torse homme
- Tablier de cuisine sexy
- Costume de sumo gonflable
- Thé des amants
- Accessoires pour les gâteaux
- Canon à confettis
- Cornes de supporters
- Coupes et trophées
- Serpentins
- Confettis en forme de papillons
- Badge de policier
- Ballons originaux
- Plumes
- Appareils photo jetables
- Étiquettes personnalisables
- Glaçons originaux
- Seau à champagne lumineux…
- Vaisselle jetable

Enseignes conseillées :

www.chambre69.com (rubrique EVJF)
www.aumoulinrose.com (rubrique EVJF et Bachelorette Party)
www.passagedudesir.fr (rubrique gadget)
www.bagatelles.fr (rubrique cadeau amour)
www.articles-fetes.com (rubrique anniversaire)
www.ilovecakes.fr
www.lovengift.fr
www.super-insolite.com
www.cachangedesdragees.com
www.mega-fetes.fr
www.misterfiesta.com
www.deco-vaissellejetable.com

Autres idées

cuisine et apéro festifs

Les verres à cocktails

- Faire des smoothies de fruits aux couleurs de l'amour (mure, framboise, fraise, cerise, groseille).
- Accessoirisez avec des pailles, des morceaux de fruits coupés, des rubans de décoration en forme de cœur.
- Proposez des sirops aux parfums originaux (barbe à papa, pomme d'amour, chewing-gum, tarte au citron, guimauve, violette...).

Les glaçons

- Insérez des bonbons, des framboises dans vos bacs à glaçons.
- Faites vos glaçons avec du sirop de framboise ou de la liqueur de cerise.
- Disposez de moules à glaçons aux formes originales.

Les plaisirs salés

- Découpez vos canapés en forme de cœur.
- Placez herbes et condiments en forme de cœur sur les toasts.
- Équipez-vous de vinaigre de framboise/mangue… des saveurs originales.
- Accessoirisez avec des salades de fleurs comestibles.
- Proposez vos salades de pates en forme de cœur (ou les fameuses pates zizi).
- Cuisinez des chips en forme de cœur.

Les plaisirs sucrés

- Cuisinez vos gâteaux en forme de cœur à l'aide d'emporte-pièces.
- Offrez des pommes d'amour, fondue au caramel et chocolat, barbes à papa et des bonbons de notre enfance.
- À l'aide d'une poche à douille ou de feutres alimentaires, écrivez le nom des futurs mariés sur vos gâteaux.
- Proposez du sucre de couleurs.

• Accessoirisez vos gâteaux avec du sucre glace en forme de cœur.

Shopping cuisine festive :

www.kookit.com, www.zukzak.fr (sucre de couleurs), *www.feeriecake.fr, www.thecakeshop.fr, www.zenavenue.com* (moule en forme de torses d'hommes), *www.alicedelice.com , www.bonbons-candy.fr*

Le site *www.tribugourmande.com* vous permet de créer et personnaliser un livre de cuisine pour votre amie, à faire en toute simplicité sur le site.

Chacune des participantes y insère une photo d'elle ainsi qu'une recette rigolote et au tarif de 9,95 euros, recevez un vrai livre de cuisine personnalisé. Du titre au contenu, faites comme bon vous semble. Pour rendre le cadeau encore plus amusant et décalé, n'hésitez pas à le nommer de noms cocasses : *Le livre de l'épouse parfaite ; La cuisine des nouilles ; Au secours ça brûle ; Spécial gourmande au régime ;* etc.

Autres idèes

Les Jeux

Le jeu est l'élément indispensable de toute journée d'EVJF qui se respecte, à condition qu'il ne soit pas dans l'unique but de ridiculiser la future mariée. L'objectif est de s'amuser, dépasser parfois sa timidité en intégrant les jeux avec des inconnus, mais il faut que cela reste bon enfant.
Le jeu permet à la future mariée de gagner des points ou d'en perdre. Le type de sanction ou récompense doit être déterminé à l'avance par le groupe et doit bien entendu lui être annoncé. Voici ici quelques idées amusantes de sanctions (mauvaises réponses) et récompenses (bonnes réponses) :

- Manger son aliment détesté/préféré
- Un vêtement à enlever/un vêtement à mettre
- Argent à donner/argent qu'on lui donne
- Alcool détesté/alcool préféré
- Un cadeau à rendre/un cadeau à offrir…

N'hésitez pas en fonction des goûts de votre amie à varier les objets du pari et à personnaliser le contenu des jeux.

JEU NUMÉRO 1 :

Les Z'amours

Envoyez ce questionnaire au futur marié pour qu'il y réponde par écrit à l'avance. Le jour de l'EVJF, autour d'un thé, apéro, dessert ou autre, posez ces questions à la future mariée puis lisez-lui les réponses de son cher et tendre. Chaque réponse commune donne droit à une récompense, chaque réponse différente donne droit à une sanction.

- *Raconte votre première rencontre ?*
- *Où, quand (et comment) était votre premier rendez-vous ?*
- *Où, quand (et comment) était votre meilleure fois ?*
- *Quelle partie de son corps préfères-tu ? Celles que tu aimes le moins ?*
- *Quelle partie de ton corps penses-tu qu'elle préfère chez toi et laquelle aime-t-elle le moins ?*
- *Quel était le sujet de votre première vraie engueulade ?*
- *Quel est votre plus beau souvenir ?*
- *Quel est son plus gros défaut (à elle) selon toi ? Et le tien (selon elle) ?*
- *Quel est le sujet de discussion que tu détestes avec ses parents ? Quel est celui que tu adores ?*

- *Quelle est la première chose que tu fais au réveil ? Qu'elle fait au réveil ?*
- *Quand as-tu été le plus fier d'elle ?*
- *Cite 3 de ses groupes et/ou chansons préférés ?*
- *Quels sont ses dessous que tu préfères ? Et ceux que tu aimes le moins ?*
- *Quel est le plat qu'elle fait que tu préfères ? Et celui que tu aimes le moins ?*
- *Cite 3 acteurs ou personnalités qui la font craquer ?*
- *Quel est ton copain qu'elle trouve le plus mignon ?*
- *Quel est ton copain qu'elle ne supporte pas ?*
- *Comment s'est passée la demande en mariage ?*
- *Pourquoi penses-tu qu'elle t'aime ? (3 qualités ou raisons)*
- *Pourquoi l'aimes-tu ? (3 qualités ou raisons)*
- *Quelle est ta plus belle qualité ? La sienne ?*
- *Quel a été le cadeau le plus moche qu'elle t'a fait ?*
- *Quelle est ta position sexuelle préférée ?*
- *Quel a été ton premier job ?*
- *Quelle est sa couleur de lingerie préférée ?*
- *Comment s'appelle sa meilleure amie ?*
- *Quel est ton juron préféré ?*

Jeu numéro 2 :

Quiz photos

L'objectif de ce quiz est que chacune des amies présentes à l'EVJF apporte quelques photographies d'une soirée ou d'un moment partagé (une date lointaine si possible) avec la future mariée. Présentez chacune votre tour la photographie à la mariée qui devra expliquer précisément le moment où la photo a été prise.

Exemples : « Cette photo a été prise à la fête de l'école lorsque nous avions 7 ans… / Cette photo a été prise lors du week-end en Ardèche / Cette photo a été prise lors mes 18 ans… »

Chaque mauvaise réponse engendre un gage, chaque réponse correcte, une récompense.

Jeu numéro 3 :

Le jeu du saladier, version Love

Constituez deux équipes. Chacune d'entre vous inscrit sur un morceau de papier un titre de chanson, de livre, de film d'amour ou de couples célèbres. Mettez les morceaux dans un saladier.
À chaque tour, une personne pioche un papier qu'elle doit faire deviner à son équipe en moins d'une minute. Dès qu'une réponse correcte est donnée, comptez un point et piochez un autre papier jusqu'à écoulement du temps (une minute par équipe).
Une manche se termine quand il n'y a plus de papiers dans le saladier.

Le jeu se déroule en 3 manches :
• La première : faire deviner le nom à l'aide de tous les mots que l'on souhaite.
• La deuxième : faire deviner le nom à l'aide d'un seul mot.
• La troisième : faire deviner le nom à l'aide du mime.

Faites les comptes en fin de partie, l'équipe gagnante est celle qui remporte le plus grand nombre de points.

Jeu numéro 4 :

Le jeu des ballons

Gonflez une trentaine de ballons avec un papier, préalablement glissé à l'intérieur, sur lequel chacune des participantes inscrit : *« Je t'aime parce que… »* L'objectif de ce jeu est d'émouvoir votre amie sur des moments partagés ensemble, mettre en valeur ses belles actions, ses plus grandes qualités ou vos plus amusants fous rires. Aussi, vous avez la possibilité d'y glisser quelques confettis avant de les gonfler.

La future mariée doit alors les piocher au hasard, les faire exploser avec une aiguille et deviner laquelle des participantes a écrit ce doux message.

Chaque larme versée lui donne droit à un gage !

Jeu numéro 5 :

Es-tu une vraie fan de…?

Votre amie est fan d'un chanteur, d'une actrice, d'une époque, d'un parti politique, d'une marque de vêtement, d'un pays, d'un groupe de musique, d'une culture…?
Pourquoi ne pas vérifier sa « fan attitude » le temps d'un quiz que vous aurez pris soin de préparer avec sérieux.
Blind test et karaoké en groupe pour parfaire le jeu sont plus qu'envisageables.

Chaque mauvaise réponse impose un gage, chaque réponse correcte une récompense.

JEU NUMÉRO 6 :

Séance Paparazzi funky

Munissez la future mariée d'un appareil photo numérique. Vous, installées tranquillement à une terrasse de café avec la bande de l'EVJF, inscrivez sur des morceaux de papiers pliés en quatre des « choses », des « scènes de vie » que la future mariée va devoir prendre en photo dans un temps règlementaire (évitez de dépasser les 10 minutes). À chaque tour, elle pioche un papier et se doit d'accomplir sa mission. À chaque mission correctement accomplie, la future mariée remporte un privilège et chaque mission perdue lui ôte celui-ci.

Exemples :

- Prendre en photo un pigeon.
- Prendre en photo une petite fille avec son ballon.
- Prendre en photo une peau de banane.
- Prendre en photo un couple qui s'embrasse.
- Prendre en photo une fille avec des couettes.
- Prendre en photo quelqu'un en train de manger.
- Prendre en photo une voiture rouge.
- Prendre en photo un enfant jouant au ballon.

- Prendre en photo un croissant.
- Prendre en photo un pompier.
- Prendre en photo un enfant de 5 ans.
- Prendre en photo un couple de personnes âgées.
- Prendre en photo une femme de X années…

Jeu numéro 7 :

Séance Paparazzi love

Au même titre que le jeu précédent, la future mariée va s'amuser à photographier des inconnus, mais la thématique diffère et se veut en rapport total avec l'ambiance de la journée : l'amour. Elle devra donc immortaliser des baisers d'amoureux comme l'a fait Robert Doisneau. Mode noir et blanc de l'appareil photo enclenché.

Plusieurs missions peuvent lui être confiées sur ce jeu : photographier uniquement des couples entre tel et tel âge, ne photographier que des couples qui ont plus de X années de mariage, photographier des couples aux cheveux blonds, photographier des amoureux de 15 ans… L'objectif est d'obtenir un florilège de baisers afin d'en faire un livre sur l'amour à lui offrir le jour de son mariage.

www.photoweb.com

Jeu numéro 8 :

Caricature Show

• Dans le cas où la plupart des participantes ne se connaissent pas entre elles, le but de ce jeu va être de caricaturer gentiment la future mariée, en se moquant d'un de ses défauts/péchés ou traits de caractère (toujours dans un but d'amusement). Devant elle, assise, chacune passe pour l'imiter dans une situation vécue avec elle.

Exemple : *« Ha la la ! aujourd'hui, je ne sais pas ce qui m'a pris, j'ai mangé 4 religieuses au chocolat. Je dois encore me mettre au régime… Pff, oh la la ! »*

• Dans le cas où la plupart des participantes se connaissent, le jeu peut être élargi. Une participante caricature à voix haute une des filles et les autres doivent deviner de qui il s'agit.

• Dans le cas où la plupart des participantes ont en commun des connaissances aux caractères amusants, le jeu peut être élargi à la caricature de ces personnes. Une participante caricature à voix haute une des personnages et les autres doivent deviner de qui il s'agit.

Jeu numéro 9 :

Le jeu de piste

Ce jeu se fait de préférence en extérieur et nécessite une préparation préalable de votre part.
Il faut pour cela organiser un parcours simple et amusant. Sélectionnez une dizaine de lieux bien connus de votre amie, des endroits touristiques, etc., dans lesquels votre amie doit se déplacer grâce à des devinettes ou messages trouvés à chaque endroit. Ces messages peuvent être des morceaux de papier cachés sur les lieux du parcours ou bien des indications données par une personne.

La finalité du parcours est de terminer dans un endroit où la future mariée retrouve toutes ses amies avec un cadeau de fin de parcours (dans un bar, chez l'une d'entre vous, devant la mairie ou l'église, etc.)
Commencez le jeu par une devinette, et laissez votre amie partir à la conquête de tous ses messages. Téléphone en main et parcours chronométré sont de rigueur.

Exemple :

- *« Ton parcours débute à l'endroit où tu as connu ton futur mari. Un message caché dans le pot de fleurs t'attend. »*
- *Message du pot de fleur : « Ta prochaine mission est d'acheter une tranche de jambon chez ton boucher, il te donnera un message. »*
- *Etc.*

Jeu numéro 10 :

Le livre de l'amour éternel

La future mariée est chargée d'interroger les passants dans la rue et leur poser cette question : Quelle est la recette de l'amour éternel ?
Décalées, sincères, utiles… toutes les réponses doivent être relevées afin de composer un sublime recueil que vous offrirez à la mariée le jour de son mariage. Fixez-lui un objectif d'au minimum 30 réponses afin de rendre le livre amusant.

Les Questions indiscrètes

Contenu du jeu :

- un dé à 6 faces
- 30 cartes Questions indiscrètes

Les thèmes sont :

- Famille (vert)
- Amour (rose)
- Amitié (bleu)
- Sexualité (gris)
- Boulot (orange)
- Honte (noir)

Principe de base

Le jeu de « questions indiscrètes » est un jeu de questions/réponses audacieuses à faire en groupe (nombre de joueuses illimité). Lorsqu'une question est posée, chacune des participantes y répond.

Alternatives

Quelques jokers se sont glissés dans le jeu pour vous permettre de conserver le droit de garder le silence lors d'une question à laquelle vous ne souhaitez pas répondre. Si vous tombez sur un joker, conservez-le précieusement.

Objectif

Une réponse de toutes les participantes pour chaque question est demandée afin de délier les langues et assurer ainsi un jeu drôle et convivial.

Début de la partie

Installez-vous confortablement autour d'une table. Placez le paquet de cartes au centre, face cachée.

Honneur à la mariée, elle commence le jeu. Lancez le dé chacune votre tour. Le hasard décide alors de la couleur et donc du thème de la question que vous allez devoir poser à l'ensemble du groupe.

Piochez alors la carte placée en haut de la pile, lisez-la à voix haute et chacune leur tour, les participantes y répondent.

Une fois la carte utilisée, placez-la à côté de la pile. Une nouvelle joueuse lance le dé et pioche une nouvelle carte en haut de la pile.

Dans le sens des aiguilles d'une montre, chaque participante effectue le même procédé jusqu'à épuisement des joueuses ou de la pile de cartes.

Amusement et indiscrétion garantie.

Les tests

Voici 5 tests de personnalité amusants et décapants à faire faire à la star du jour – et aux autres participantes si elles le souhaitent – pour lui donner un petit aperçu de ce qui l'attend dans sa nouvelle vie de femme mariée. Confectionnés par d'éminents psychologues, leur efficacité n'est plus à prouver… Autant vous dire que c'est à prendre très au sérieux !

1

Votre homme et vous

1. Après 3 heures intensives de ménage, votre homme balance négligemment sa paire de chaussettes en boule sous votre nez. Comment réagissez-vous ?

a. Vous lui faites bouffer.

b. Vous la ramassez gentiment en tenue de soubrette, les fesses à moitié nues.

c. Vous le grondez en lui demandant de ne surtout pas recommencer, quel vilain garnement !

2. Ding dong ! Votre belle-mère s'incruste pour 3 jours chez vous. Comment réagissez-vous ?

a. Vous lui claquez la porte au nez.

b. Vous lui faites gentiment remarquer que la prochaine fois qu'elle s'incruste de la sorte, elle sera privée de dessert.

c. Vous lui faites une délicieuse tarte aux abricots et lui laissez votre lit pour qu'elle puisse dormir avec son fiston adoré (votre mari).

3. Vos amies organisent une dégustation œnologique ce week-end. Que se passe-t-il ?

a. Vous prenez une belle cuite.

b. Hyper sérieuse lors de la dégustation, vous goûtez et appréciez avec délicatesse les vins fins que l'on vous propose.

c. Vous refusez l'invitation, vous ne buvez que du jus de goyave-passion.

4. Vendredi soir, 20h, après une semaine acharnée au travail pendant laquelle votre homme était en congés… vous retrouvez le frigo vide, les enfants en pleine bataille de crayons de couleurs dans les narines.

a. Vous tournez les talons discrètement et fuyez ce navire en perdition.

b. Vous attrapez votre homme par le calebard et vous lui demandez de préparer à manger pendant que vous gérez l'attaque à petites mains armées colorées.

c. Vous faites tout d'abord un bisou à Mamour installé tranquillement sur le canapé en lui demandant si sa journée n'était pas trop difficile, attrapez les enfants d'une main et une poêle de l'autre. Tout rentre dans l'ordre avec une aisance déconcertante.

5. Votre homme vous fait l'amour en 3 minutes, douche comprise…

a. Vous sortez votre énooooorme sex toy rabbit et lui demandez d'aller dormir sur le canapé.

b. Vous prévoyez une visite chez un sexologue et l'achat de livres sur le plaisir féminin.

c. Bah quoi ! Y'a un problème ? C'est normal, non ?

Si vous avez un maximum de :

a : Vous êtes une militante pour l'honneur des femmes écrasées par ce monde de machos incapables et n'ayant pas passé le cap des 16 ans d'âge mental. Chienne de garde et libération de la femme n'ont plus de secret pour vous. D'ailleurs l'année prochaine, une fois que vous lui aurez fait des gosses, vous le quitterez et vous deviendrez lesbienne. Comme ça, c'est dit.

b : Vous alliez à la perfection les notions de savoir-vivre et de politesse, tout en maniant avec dextérité une franche ironie. Femme à la fois douce et dure, caramel à ses heures et steak trop cuit à d'autres, vous êtes parfaite. Votre mari vous mange dans la main car vous êtes à la fois pute, soumise et avait un caractère fort. Les hommes adorent.

c : Si vous souhaitez procréer dans peu de temps, c'est inutile, vous êtes déjà une maman formidable. Médaille d'or du gros bébé à sa môman qu'il a trouvé en vous. Oui, VOUS, les cheveux grisonnants et les 25 kilos en trop vous guettent dans 9 mois. Faites gaffe parce que Bobonne, c'est top, sauf que t'as oublié d'être bonne.

Vous et votre féminité 2

1. Pour vous la féminité, c'est… ?

a. Ouais… attends… euh… je l'ai… je me souviens l'avoir appris en cours de philo…

b. Souffrir avec 10 cm de talons au quotidien, rentrer le ventre pour simuler un 36 alors qu'on fait un 38 ainsi qu'un châtiment atroce et mensuel chez l'esthéticienne.

c. Une chance qui nous est offerte de pouvoir mener les hommes par le bout du nez (et bien d'autres choses encore).

2. Quel est l'achat le plus ridicule pour paraître féminine que vous ayez fait ?

a. Une paire de talons en sky vernis rouge de 13 cm à effet pute indécent.

b. Une corset avec armature en fer à effet boudinant indécent.

c. Une lingerie déchirée en moins de 3 secondes à un prix indécent.

3. Selon vous, quel est le minimum d'effort qu'une femme doit faire pour se sentir belle ?
a. Une épilation de la moustache.
b. Une opération des seins pour obtenir un bonnet E.
c. Dormir nue avec une goutte de Chanel numéro 5.

4. Votre compte en banque est vide, vous craquez pour… ?
a. Une petite robe de chez ZARA.
b. La dernière paire de chaussures de Carrie Bradshow.
c. Une religieuse au chocolat, ça compensera.

5. À quelle fréquence vous faites-vous draguer ?
a. Euh… (silence)
b. Entre mon boucher, mon boulanger, le mec de la compta, le banquier, le mari de ma copine… Ouh la la la…
c. Pff, c'est moi qui drague !

Si vous avez un maximum de :

a : Vous êtes une femme… qui a oublié d'être une femme.
Ambiance mamie avant l'heure ou ado attardée (au choix), robes et talons, c'est pour les grands jours, et finalement lorsque vous faites un effort, c'est toujours loupé… Un cours de relooking et de séduction vous ferait le plus grand bien (et à votre homme encore plus).

b : Vous êtes une femme… courageuse.
Une médaille vous revient car finalement vous devez être un ancien garçon manqué, mais qui a appris à faire de nombreux efforts pour faire ressortir son sex appeal. Parfois un peu gauche, n'empêche que vous faites tourner les têtes et les cœurs de certains et c'est bien ça l'essentiel. On continue comme ça mais on passe la vitesse supérieure, ma p'tite dame.

c : Vous êtes une femme… que toutes les femmes détestent.
Toujours chic et glam', au top, aucun poil qui ne dépasse du string en soie. Mais comment faites-vous ? Donnez-nous votre petit secret ! Ah ! OK ! Vous n'avez pas encore d'enfants… c'est pour ça…

Vous et les enfants 3

1. Combien d'enfants aimeriez-vous avoir ?

a. Aucun marmot dans les pattes, soyons clair.

b. Deux ou trois.

c. Une demi-douzaine fastoche (dont un adopté et des jumeaux)

2. Dans combien de temps songez-vous en avoir ?

a. Jamais, vous m'entendez ?!? Jamais !

b. Quand cela viendra.

c. Chaque jour que Dieu fait, j'y travaille.

3. Quelle mère serez-vous ?

a. Mère aux abonnées absentes.

b. Mère fashion, talons hauts et sac à langer assorti.

c. Mère poule, les couver et les garder bien au chaud.

4. Comment allez-vous nourrir vos enfants ?

a. Pizza-bière.

b. Des petits plats préparés par mes soins et bio tant qu'à faire.

c. Nourris au sein jusqu'à 8 ans.

5. Vendredi, vingt heures, fringuée comme une déesse pour rejoindre vos amies et faire la fête, un dernier bisou aux enfants qui mangent de la mousse au chocolat et CA-TAS-TRO-PHE ! « Bah ! voui, môman, je voulais faire un bisou à ta robe… » Votre réaction ?

a. Pleurs accompagnés de hurlements primaires, vous jetez votre enfant par la fenêtre.

b. Une chiffonnette dans une main pour essuyer la bouche de votre garnement et une chiffonnette dans l'autre pour essuyer la robe. Voilà, fallait pas en faire un plat, tout est rentré dans l'ordre

c. « Mon petit amour, c'est vraiment rien du tout, Môman, elle va enfiler son vieux jogging tout pourri parce que c'est la seule tenue dans laquelle elle rentre encore… Tiens, d'ailleurs, j'annule ma soirée pour toi, mon petit amour. »

Si vous avez un maximum de :

a : Vous êtes une mère… inutile.

Élever des animaux aurait été aussi important à vos yeux, voire plus. Le jour où vous retrouvez votre fille de 12 ans ivre morte sur le trottoir, il ne faudra pas venir vous plaindre.

b : Vous êtes une mère… superwoman.

Gérer la vie de vos enfants, de la maison et de votre homme… vous êtes un couteau suisse à vous toute seule et le pire, c'est qu'en plus vous trouvez aussi le temps de vous épiler et de rester toujours au top. Chapeau ! Euh, vous donnez des cours ?

c : Vous êtes une mère… qui va faire un *burn out*.

L'envie d'être mère a dû être déclenchée de manière précoce. (à 8 ans, non ?) Vous êtes à la fois une mère poule, une mère louve, une mère ours… Vous pourriez accueillir tous les enfants de la Terre et l'arche de Noé dans votre foyer.

Vous et votre sexualité

4

1. Samedi soir, les enfants sont couchés, vous regardez la télévision avec votre cher et tendre et malencontreusement, la télécommande dérape et vous tombez sur une chaîne cryptée qui annonce un programme « *really hot* ». Votre réaction ?

a. Vous fermez les yeux et zapper sur la chaîne de l'émission Chasse et Pêche.

b. Vous regardez votre mari avec un œil lubrique.

c. Vous avez déjà la main sur la braguette de votre homme.

2. Quel est le truc sexuel le plus fou que vous ayez fait pour votre homme ?

a. Faire l'amour lumières allumées.

b. Une nuit à son service.

c. Une nuit à son service et celui d'une tierce personne.

3. L'endroit le plus original où vous ayez fait des câlins ?

a. Dans votre lit.

b. Dans un parc.

c. Dans un club échangiste.

4. Votre homme vous propose un plan à 3, qui choisissez-vous ?

a. Un quoi ?

b. Une femme.

c. Un homme.

5. Votre homme vous trompe, quelle est votre réaction ?

a. Malheureuse comme les blés, vous pleurez jusqu'à la fin de votre vie.

b. Ah ouais !? La vengeance est un plat qui se mange froid…

c. Une de plus… Je suis aussi sensible qu'Anne Sinclair sur le sujet.

Si vous avez un maximum de :

a : Vous êtes… frigide.

Votre homme est LE pilier central de votre vie (après votre papa bien sûr) et un couple qui se fait chier, c'est normal pour vous… Aïe aïe aïe ! Va falloir un peu se détendre du string si vous souhaitez le garder à vos cotés jusqu'à la fin de votre vie (pas le string, le mari).

b : Vous êtes… coquine.

La sexualité, c'est un jeu d'enfant auquel vous adorez vous adonnez. Et votre mari apprécie… Vous êtes à la fois maligne et taquine, le mix parfait. Mais vous pourriez être encore bien pire…

c : Vous êtes… cochonne.

La sexualité, c'est pour vous une activité de couple comme une autre et surtout dans laquelle toutes les expériences sont bonnes à vivre. Faites juste gaffe que votre homme ne vous fasse pas le plan du Sofitel un de ces quatre…

Vous et votre caractère. 5

1. Pressée, vous avez THE rendez-vous dans 5 minutes. Vous êtes en voiture dans une rue à sens unique où il est impossible de dépasser ne serait-ce qu'un vélo… et évidemment vous vous payez le camion poubelle ! Que faites-vous ?

a. Concerto de klaxons et noms d'oiseaux.

b. Un hurlement primaire, 7 ongles rongés, 25 insultes… fenêtres fermées.

c. Vous dégainez en talons et jupette pour les aider à ramasser les poubelles de la rue et arriver à l'heure à votre rendez-vous.

2. Après deux semaines de nuits blanches au boulot et un bouclage de dossier en bonne et due forme, vous demandez à votre patron de quitter à cinq heures ce soir… Il refuse. Quelle est votre réaction ?

a. Je claque ma démission !

b. Mais euh ! M'enfin, patron… Et vous retournez comme un chien errant à votre bureau.

c. Je pense qu'on s'est mal compris, patron… Ce n'était pas une question.

3. Vous faites tranquillement la queue à la boulangerie quand une personne âgée se glisse devant vous dans la plus grande discrétion.

a. Non, mais oh ! la croulante !!! Tranquille, Émile ! Il ne faut pas se gêner ! ! Tu ne veux pas 3 balles et un mars, non plus ?

b. Vous faites genre « j'ai rien vu » et l'insultez en silence.

c. Excusez-moi, madame, peut-être ne vous êtes-vous pas rendu compte mais j'étais avant vous. Je vous remercie. Bonne journée.

4. Période de soldes. Le dernier petit haut que vous adorez est devant vos yeux, avec une remise de 70 %. Et la main d'une inconnue s'en saisit… Comment réagissez-vous ?

a. Bataille dans la boue, même pas peur ! À l'attaque, grognasse, que la meilleure gagne !

b. Vous pleurez en silence, sans larmes ni fracas.

c. Bonjour, madame, je vous échange ma magnifique trouvaille contre ce pauvre petit haut dont ma nièce rêve depuis des années… Oh, je vous remercie, vous êtes bien urbaine.

5. Votre insulte préférée ?

a. Espèce de sale BIIIIIIP.

b. Chenapan

c. L'insulte, c'est se rabaisser à la bêtise de l'autre.

RÉPONSES AU TEST VOUS ET VOTRE CARACTÈRE

Si vous avez un maximum de :

a : Vous êtes… cinglée.

À coté de vous, Joey Starr est un agneau. Vous ne craignez rien ni personne… Faites attention parce que malgré tout, intimider, c'est bien mais se prendre un pain par un mec qui fait 3 têtes de plus que vous, ça fait bobo.

b : Vous êtes… une toute petite chose.

Une séance chez le psy, un cours de boxe ou de self-défense vous seraient profitable pour affronter ce monde de brutes. Ou sinon un séjour sur la planète des Bisounours vous permettra de rencontrer vos meilleurs amis.

c : Vous êtes une sage.

Bouddha… ? Vous êtes son guide spirituel. C'est vous qui lui avez tout appris.

L'horoscope de la future mariée

Bélier

(21 mars-20 avril)

« Agir d'abord, réfléchir après. »

Elle portait des culottes, des bottes de moto, un blouson de cuir noir avec un aigle sur le dos. Sa moto, qui partait comme un boulet de canon, semait la terreur dans toute la région Elle, c'est vous, la femme bélier, au look boyish, au tempérament fougueux, à la force jaillissante, à l'impétueuse impatience. Signe de feu, un rien vous attise, vous êtes continuellement dans l'action, adorez les défis, tellement spontanée que vous en devenez totalement dépourvue d'inhibitions. Pleine d'ardeur et provocante, vous n'avez absolument pas froid aux yeux. Signe le plus viril du zodiaque, votre versant masculin est manifeste. Femme phallique par excellence, vous affectionnez fumer le cigare et porter la culotte. Paraîtrait même qu'il existerait un sexe faible…? Alors forcément, pas besoin de tortiller des plombes pour deviner que votre mariage, ça sera où, quand, comment et avec qui vous l'aurez décidé ! Voire ordonné. Cela dit, vous auriez tout de même pu demander au préalable son avis sur la question à votre mécano adoré. D'où l'expression « jeter son dévolu ». Sinon quelqu'un a-t-il des nouvelles de Saturne ?

Taureau

(21 AVRIL-21 MAI)

« LENTEMENT MAIS SÛREMENT, QUOIQUE… »

Alors, pour être très honnête, on ne va pas y aller par quatre chemins. Votre signe astrologique est béni des dieux, puisqu'il serait manifestement le moins compliqué du zodiaque. Manifestement, on dit bien, puisque la limite externe du nuage d'Oort, qui formerait la frontière gravitationnelle du système solaire, bien au-delà de la ceinture de Kuiper (qu'il faudra de toute évidence serrer à un moment donné pour le bien de votre mariage), aurait de moches desseins pour vous. Gourmande – voire boulimique –, sédentaire (vous n'avez assurément pas la fibre aventurière), pantouflarde et possessive, le risque de voir votre bien-aimé se tirer à l'anglaise est grand. Pour ne rien arranger, vous faites dans le classicisme côté oreiller, trop occupée à profiter de préliminaires qui auront vite fait de lasser votre étalon. Mais, miracle de l'astrologie, votre signe vous qualifie paradoxalement de meilleure épouse du zodiaque. Parce que, coquette, vous savez aussi vous transformer en maîtresse attentive et succomber aux plaisirs de la chair. Parce que, oui, quoi qu'on en dise, vous êtes une déconneuse. Et puis surtout, parce que vous serez une mère et femme au foyer exemplaire et responsable. Donc, à moins que vous teniez à vivre selon les préceptes maritaux des années 30, il va vraiment falloir vous secouer les puces pour garder votre Jules.

Gémeau

(22 mai-21 juin)

« Ne faire qu'un tout en étant deux ? »

Comme tous les signes d'air, vous aimez partager, vous avez le goût de la réflexion et le génie du discours. Mais vous rêvez aussi de fuite, parce que l'esprit souffle où il veut et parce que, finalement, l'amour n'est pas votre préoccupation première. Cela dit, vous conviendrez qu'à quelques semaines de votre union sacrée, ce n'est pas vraiment le moment de rêver d'évasion. Il y a quand même toute une vie conjugale à construire. Et pourtant êtes-vous bien certaine d'avoir fait le bon choix ? Cérébrale et dépourvue de préjugés, votre tolérance vous pousse à tout excuser, voire à tout nier, jusqu'à votre propre infidélité. Oui, vous avez très bien entendu, votre infidélité chronique cache sans doute un terrible secret. Et c'est là que le schisme survient. Un alignement imparfait entre Vénus et Saturne va vous pousser à ouvrir les yeux une bonne fois pour toutes après le Grand Soir. Adepte de la vérité approximative – oui bon, menteuse quoi – vous persistez à croire que vos rêves de fille ne manquent pas cruellement de princes charmants. En revanche, une multitude de nymphes flottant dans du lait de coco égayent votre sommeil. Alors vous l'aurez certainement compris : votre nuit de noces, c'est entre les bras de votre belle-sœur que vous la passerez.

Cancer

(22 JUIN-22 JUILLET)

« ON NE VOIT BIEN QU'AVEC SON CŒUR. »

Prenez une pincée de gentillesse, un zest de générosité et une bonne dose de tendresse. Secouez le tout et passez-le au filtre d'amour. Votre nid douillet, c'est Babylone ! Femme cancer, vous êtes la mère du zodiaque. Et c'est Élisabeth Teissier qui le dit. Enfanter vous rend indéniablement resplendissante. Épouse parfaite, imaginative, candide, vous pratiquez allègrement, et avec une certaine réussite, l'art de la minaude pour obtenir tout ce que vous voulez de votre homme. Bref, votre future vie de femme mariée devrait se dérouler comme un long fleuve tranquille. Ça, c'est en théorie, parce qu'en pratique, la vie n'est pas si simple. Conservatrice, dure, vulnérable, émotive, naïve, bipolaire, capricieuse et souvent au bord des larmes, vous allez en réalité entièrement passer votre temps à emmerder monsieur. Qui s'en ira avec une poule célibataire, sans enfants et surtout pas cancer.

Lion

(23 JUILLET-23 AOÛT)

« POUR LA DÉMOCRATIE, À CONDITION D'AVOIR LE DERNIER MOT. »

Le signe du paradoxe. Ou la conjonction de Neptune le spirituel et Chiron le guide. Rien que ça ! Mais ce n'est pas tout. L'arrivée récente de Jupiter sur cette conjonction vous poussera de surcroît à plus de spiritualité, ce qui n'est pas forcément une mauvaise chose à l'aune du long et grand voyage conjugal qui s'annonce. Un long et grand voyage qui pourrait s'apparenter à un véritable chemin de croix pour votre cher et tendre. Parce qu'on ne va pas se raconter d'histoires, vous êtes tout simplement IN-SU-PPOR-TABLE. Ego surdéveloppé, castratrice, rugissante, allumeuse, théâtrale, dépensière, bornée, tyrannique… la litanie paraît infinie. Et même si vous savez parfaitement souffler le chaud et le froid pour tenir la bride, pensez tout de même à vous marier sous le régime de la séparation des biens. On ne sait jamais… quelqu'un pourrait vous en vouloir…

Vierge

(24 AOÛT-22 SEPTEMBRE)

« JE PENSE DONC JE SUIS. »

Marie la pure et Lilith la pute. Tantôt volcanique, tantôt frigide. Comme toutes les vierges, vous vivez dans l'indécision permanente. Pas étonnant, puisque vous êtes le signe le plus cérébral du zodiaque. Et le symbole de la stérilité. Ceci expliquant peut-être cela… Inquiète, perfectionniste, vous avez un sens aigu des réalités et disséquez absolument tout de peur d'être déçue. Car vous abhorrez le mensonge, la trahison, l'échec et ne supportez pas l'imperfection des autres, véritable miroir de votre propre imperfection soit dit en passant. D'où un besoin viscéral d'ordre, de logique, qui vous pousse à maîtriser le chaos plutôt qu'à stimuler le passionnel – qui vous apeure franchement – et à systématiquement honorer vos engagements. Pudique, scrupuleuse mais très honnête, votre élégance et votre sobriété séduisent. Parfois trop méticuleuse et analytique dans le choix de votre compagnon, vous ne pouvez concevoir la malpropreté et la négligence chez ce dernier et apparaissez craintive et méfiante à l'approche de l'amour, qui se révèle pour vous une chose extrêmement difficile à concevoir. Vous analysez chaque sentiment éprouvé pour enfin arriver à comprendre, par une explication ultra rationnelle, ce que votre cœur essaye de vous démontrer. Autant vous dire qu'on n'est pas arrivés Parce que soyons honnêtes, votre signe compte le plus grand contingent de célibataires. Donc, en définitive, le mieux, c'est que, dans un premier temps, vous vous mettiez d'accord avec vous-même, et puis bah pour le mariage, on a toute la vie pour y réfléchir, hein ?!

Balance

(23 SEPTEMBRE-22 OCTOBRE)

« LUXE, CALME ET VOLUPTÉ. »

Un samedi de rêve. Entrée du Soleil en Sagittaire à 11h23 GMT. Lune en Balance. Non, vous ne rêvez pas, la mise en scène céleste est éblouissante. Vous avez vraiment été très inspirée de choisir cette date pour vous marier. On imagine déjà… Une divine cérémonie sur la plage, les pieds dans l'eau, la tête dans les étoiles et le chant des vagues en maître de cérémonie. Les astres s'enlacent et le soleil brille comme jamais dans votre cœur, mis en ébullition par Vénus le charme et Saturne la raison. Normal, vous êtes viscéralement faite pour vivre en couple. Affable, mondaine, diplomate et toujours très élégante, vous avez de surcroît la fibre maternelle et vous vous révélerez être une excellente maîtresse de maison. Le problème, c'est que l'amour, ça s'entretient un minimum. Et avouez que depuis que vous avez coché la fameuse date sur votre calendrier, la partisane du moindre effort que vous êtes n'en a plus foutu une. Vraiment plus une. Sachez à ce titre que la patience est une fleur et qu'il faut savoir la cultiver. Mais Cupidon manque de pétales aujourd'hui. Et ne viendra même pas à la cérémonie

Scorpion

(23 OCTOBRE-22 NOVEMBRE)

« SI TU M'AIMES, PRENDS GARDE À TOI ! »

Messieurs, c'est à vous que les astres s'adressent cette fois-ci ! Même Dieu vous apporte tout son soutien ! Mais pas vraiment sa bénédiction. Il vous enjoindrait presque au mensonge – péché capital – pour vous enfuir au bout du monde sous une nouvelle identité. Parce que là, vous vous êtes embarqué dans une sale guerre... Elle, votre future femme, maîtrise en effet toutes les ficelles de la manipulation mentale, le tout bercé continuellement par une ambiance de drame shakespearien. Perverse polymorphe au sex-appeal renversant, véritable experte en relation dominant/dominé, ambitieuse, orgueilleuse, agressive, solide, fine psychologue, partenaire sexuelle inoubliable à l'influence sur son homme inégalée… Et le pire, c'est que vous seriez prêt à vous tuer pour cette satanique mante religieuse. Eh ! oui, le caillou dans votre chaussure, c'est elle… Son paillasson, c'est vous… Vous avez pris perpète. Et évidemment, on ne vous demandera pas qui s'est acquitté de l'intégralité des frais inhérents au mariage, hein ? Même les planètes n'en ont strictement plus rien à foutre. Elles vous ont abandonné. Amen.

Sagittaire

(23 NOVEMBRE-21 DÉCEMBRE)

« TOUT VA POUR LE MIEUX DANS LE MEILLEUR DES MONDES. »

Lady Sagittaire, c'est un excellent fatum qui se dessine pour vous. Un mariage de rêve en perspective, avec des beaux-parents qui s'adorent, des enfants sages comme des images et bien élevés, des invités qui ne se jettent pas comme des dératés sur le buffet organisé pour le vin d'honneur… Vous êtes tout simplement en état de lévitation transcendantale. Vous ne touchez littéralement plus terre, aveuglée que vous êtes par un amour inaltérable. Même les planètes ont très envie de vous faire plaisir, c'est vous dire. Un vrai boogie-woogie intersidéral ! Et comme un bonheur n'arrive jamais seul, Mercure les contacts et Vénus l'harmonie vous mènent sur le chemin d'une meilleure compréhension des autres, l'entrée du soleil dans votre signe présage une période dynamique, socialement intéressante, bref, on a connu beaucoup moins vernie… Il faut dire qu'avec toutes ces qualités… Optimiste, avenante, aventurière, honnête, franche, loyale, indépendante, sensuelle, romantique, généreuse… Oui, très généreuse. Tellement généreuse que ça fait trois ans que votre futur époux vit à vos crochets.

Capricorne

(22 DÉCEMBRE-20 JANVIER)

« PATIENCE ET LONGUEUR DE TEMPS FONT PLUS QUE FORCE NI QUE RAGE. »

Pour ceux qui vivraient dans la quatrième dimension, le mot capricorne sent déjà le traquenard. Capri + cornes, forcément, c'est fini ! Quoi ? Votre mariage serait voué à l'échec dès le départ ? Ce n'est pourtant pas faute d'investissement de votre part si ça doit partir en quenouille. Très attachée aux valeurs familiales, vous revendiquez un sens aigu de l'honneur et du devoir, êtes aimante, loyale, sensible, un soupçon orgueilleuse, et savez figurer une partenaire à la hauteur des fantasmes de votre futur mari. Courageuse, vous avez qui plus est bien conscience que rien n'est jamais acquis, même après avoir paraphé le registre de mariage. Vous lutterez donc sans cesse contre la fatalité. Et là, ô miracle, le ciel semble décidé à vous accorder sa miséricorde. Parce que finalement, la vie n'est pas toujours injuste. Vos efforts quasi sacrificiels seront ainsi récompensés grâce au passage dans votre signe lunaire de Vénus le charme et de Mercure les bons tuyaux, fusionnés à l'électromagnétisme de Pluton. Veinarde !

Verseau

(21 JANVIER-18 FÉVRIER)

« ÇA PLANE POUR MOI. »

Bon, comment vous dire… Il y en a un qui ne doit pas forcément rigoler tous les jours avec vous. Mais l'aventure mérite le détour. Car vous incarnez sans conteste le signe le plus paradoxal du zodiaque. Alors, même si vous n'êtes pas vraiment une ménagère modèle, vous cultivez en revanche l'art de faire du quotidien de votre homme une fête. Et qu'y a-t-il généralement après une grosse chouille ? Une sacrée gueule de bois ! Libertaire et despotique, humaniste et intolérante, bavarde et mutique, zen et soupe au lait, adaptable et difficile à vivre, tête en l'air et terre à terre, maîtresse attentive et volage, votre futur époux fera la fête un jour sur deux. Et pleurera à chaudes larmes tout le lendemain. À terme, Vénus provoquera donc logiquement des tensions conjugales ainsi que des picotements affectifs et Mars l'envie de pousser le bouchon un peu plus loin. Le duo Jupiter-Vénus posté en signe opposé provoque par ailleurs des exagérations en amour, fait aller trop loin, distille du brouillard ou des illusions. Restez donc vigilante et non dans un état d'attente amoureuse, et allez droit au but pour ne garder aucune rancœur en vous. Ce qui doit sortir doit… jaillir, même si ça doit choquer. Du coup, pour le mariage, vous remplacerez au pied levé votre conjoint par un vieux pote. Plus fun. Et votre union durera ce que durent les roses.

Poissons

(19 FÉVRIER-20 MARS)

« DÉFINIR LES LIMITES DE L'INFINI. »

Ouvrez vos sept chakras (Sahasrãra, Ãjñã, Vinuddha, Anãhata, Manipüra, Svãdhisthãna et Mülãdhãra), allumez quelques bougies et faites brûler de l'encens. Aum. Mystique et ésotérique, tolérante et humaniste, un peu oui-oui, un peu ouin-ouin, sentimentale et disciplinée, vous êtes dans la compréhension d'autrui, quitte à être parfois hypocrite pour éviter tout conflit. Aum. Vous aspirez donc à un mariage traditionnel zen dicté par les préceptes bouddhistes. Les bouddhistes, justement, rappellent à qui veut bien l'entendre que Bouddha lui-même était marié. Vajra, cloche, mala, vous êtes incollable sur le sujet. Aum. Donc, en gros, votre mariage, après en avoir fixé la date à un moment favorable du calendrier lunaire, ça sera ça en substance : la cérémonie se déroulera dans la grande salle du temps avec récitation de prières afin de recevoir des bénédictions du bouddha. Ensuite, votre couple sera béni par le lama avec de l'eau safranée. En vous faisant mutuellement don de nourriture, les jeunes mariés que vous êtes s'offriront la compassion, l'amour et la joie. En s'offrant de l'alcool, vous accèderez à la sagesse et à la connaissance. Symbole d'équilibre et de longue vie du couple, une écharpe de soie (kata), blanche ou de cinq couleurs représentant les cinq éléments, vous sera remise. Enfin, le lama placera autour de votre cou un cordon de bénédiction. Eh ben… ça promet ! Le seul hic dans cet océan de bien-être, c'est qu'à force de composer pour faire croire à votre conjoint qu'il est le plus fort, bah vous finirez en martyre. Trop de compassion tue l'empathie. Résultat, l'alcoolisme de votre mari empirera de jour en jour et vous resterez quand même. Aum.

EVJF

Girls repertoire

EVJF Girl : ______________________________

Mail: ______________________________

Tél. : ______________________________

EVJF Girl : ______________________________

Mail: ______________________________

Tél. : ______________________________

EVJF Girl : ______________________________

Mail: ______________________________

Tél. : ______________________________

EVJF Girl : ______________________________

Mail: ______________________________

Tél. : ______________________________

EVJF Girl : ______________________________

Mail: ______________________________

Tél. : ______________________________

EVJF Girl : ______________________
Mail: ______________________
Tél. : ______________________

EVJF Girl : ______________________
Mail: ______________________
Tél. : ______________________

EVJF Girl : ______________________
Mail: ______________________
Tél. : ______________________

EVJF Girl : ______________________
Mail: ______________________
Tél. : ______________________

EVJF Girl : ______________________
Mail: ______________________
Tél. : ______________________

EVJF Girl : ____________________
Mail: ____________________
Tél. : ____________________

EVJF Girl : ____________________
Mail: ____________________
Tél. : ____________________

EVJF Girl : ____________________
Mail: ____________________
Tél. : ____________________

EVJF Girl : ____________________
Mail: ____________________
Tél. : ____________________

EVJF Girl : ____________________
Mail: ____________________
Tél. : ____________________